Inteligencia Artificial con Python

ÍNDICE

- Redes Neuronales Artificiales

Capítulo 6 - ¿Qué son las redes neuronales?

- Arquitectura básica de una red neuronal
- Algoritmos de entrenamiento: retropropagación
- Implementación de una red neuronal con Python
- Aprendizaje Profundo (Deep Learning)

Capítulo 7 - Introducción al Aprendizaje Profundo

- Redes neuronales convolucionales (CNN)
- Redes neuronales recurrentes (RNN)
- Ejemplo práctico: Implementación de una CNN para clasificación de imágenes
- Procesamiento de Lenguaje Natural (NLP)

Capítulo 8 - ¿Qué es el procesamiento de lenguaje natural?

- Tokenización y lematización
- Modelos de lenguaje: n-gramas, LSTM, transformers
- Proyecto práctico: Análisis de sentimientos con Python
- Visión por Computadora

Capítulo 9 - Fundamentos de la visión por computadora

- Bibliotecas populares: OpenCV, PIL
- Implementación de modelos de visión por computadora
- Proyecto práctico: Reconocimiento de objetos

Capítulo 10 - IA en el Mundo Real

- Casos de uso de IA en diversas industrias
- Desafíos éticos de la IA
- El futuro de la Inteligencia Artificial
- Conclusiones

Capítulo 11 - Recapitulación de los conceptos clave

- Recomendaciones para continuar aprendiendo
- Recursos adicionales
- Apéndices

Capítulo 12 - Instalación y configuración de entornos

- Respuestas a los ejercicios prácticos
- Bibliografía recomendada

Capítulo 13 - 10 Ejemplos de Código Útiles de IA en Python

- **Ejemplo 1:** Clasificación de texto con Naïve Bayes
- **Ejemplo 2:** Análisis de sentimientos con NLP
- **Ejemplo 3:** Predicción de precios con regresión lineal
- **Ejemplo 4:** Reconocimiento facial con OpenCV
- **Ejemplo 5:** Creación de un chatbot simple con Python
- **Ejemplo 6:** Generación de texto con modelos de lenguaje
- **Ejemplo 7:** Clustering con K-Means
- **Ejemplo 8:** Predicción del mercado de valores con redes neuronales
- **Ejemplo 9:** Creación de música con IA
- **Ejemplo 10:** Traducción automática de texto con Transformers

Capítulo 14 - 10 Ejemplos de Código Útiles de IA en Python

- **Ejemplo 1:** Generación de imágenes con Stable Diffusion
- **Ejemplo 2:** Creación de un chatbot con GPT-3.5
- **Ejemplo 3:** Detección de objetos en tiempo real con YOLO
- **Ejemplo 4:** Generación de música con IA usando Magenta
- **Ejemplo 5:** Clasificación de imágenes con redes neuronales convolucionales (CNN)

Prólogo

La inteligencia artificial ha dejado de ser un concepto futurista para convertirse en una de las tecnologías más influyentes de nuestra era. Desde los asistentes virtuales hasta los sistemas de recomendación, la IA está transformando la forma en que interactuamos con el mundo. Sin embargo, para muchos, sigue siendo un tema intimidante, envuelto en términos técnicos y ecuaciones complejas que parecen reservadas solo para expertos en el campo.

Este libro nace con un propósito claro: hacer accesible la inteligencia artificial a cualquier persona interesada en aprender, sin importar su nivel de experiencia previa en programación. A través de una estructura progresiva, te llevaré desde los conceptos más básicos hasta la implementación de modelos avanzados con **Python**, uno de los lenguajes más utilizados en el desarrollo de IA.

A lo largo de los capítulos, descubrirás los fundamentos matemáticos esenciales, explorarás las bibliotecas más poderosas y construirás proyectos prácticos que te permitirán aplicar lo aprendido de manera inmediata. No solo aprenderás sobre **redes neuronales, procesamiento de lenguaje natural y visión por computadora**, sino que también desarrollarás habilidades que te ayudarán a resolver problemas del mundo real con IA.

Este no es solo un libro de teoría. Mi objetivo es que experimentes, pruebes y desarrolles tus propias soluciones con inteligencia artificial. Cada capítulo está diseñado para que avances paso a paso, con ejemplos de código y proyectos prácticos que consolidarán tu aprendizaje.

La IA está al alcance de todos. No necesitas ser un científico de datos o un matemático experto para empezar; solo necesitas curiosidad y ganas de aprender. Si alguna vez te has preguntado cómo funcionan los algoritmos que mueven el mundo digital, este libro te dará las herramientas para descubrirlo y, mejor aún, para construir tus propias aplicaciones.

Es momento de dar el primer paso en este viaje. **Bienvenido al mundo de la Inteligencia Artificial con Python.**

Créditos

Capítulo 1: ¿Qué es la Inteligencia Artificial?

La Inteligencia Artificial (IA) es una rama de la ciencia y la ingeniería que se enfoca en desarrollar sistemas que puedan **aprender, razonar** y **tomar decisiones** sin ser humanos.

La IA busca superar las limitaciones del pensamiento humano, como la memoria, el razonamiento lógico y la capacidad para resolver problemas complejos de manera eficiente.

La historia de la IA remonta a finales del siglo XX, cuando los científicos e ingenieros comenzaron a explorar cómo utilizar ordenadores para simular el comportamiento humano.

Sin embargo, fue en la década de 1950 que el término "**inteligencia artificial**" se comenzó a utilizar formalmente.

En la década de 1970, el primer programa de IA, llamado **ELIZA**, fue desarrollado por **Joseph Weizenbaum**. Este programa simula una conversación con un humano y demostró que la IA podría realizar tareas complejas de manera efectiva.

Desde entonces, la IA ha avanzado significativamente, y hoy en día se utiliza en una variedad de aplicaciones, desde la inteligencia virtual en la computadora hasta el **reconocimiento de patrones en datos** y la **resolución de problemas complejos** en diversas industrias.

Tipos de Inteligencia Artificial

Existen varios tipos de IA, cada uno con sus propias características y aplicaciones. Algunos de los tipos más comunes incluyen:

- **Inteligencia Simbólica**: se enfoca en la simulación de la inteligencia humana, utilizando algoritmos y modelos matemáticos para realizar tareas como el razonamiento lógico y la resolución de problemas.
- **Inteligencia No Simbólica**: se enfoca en la automatización de procesos y la realización de tareas que no requieren la simulación de la inteligencia humana, como la resolución de problemas complejos y el análisis de datos.
- **Inteligencia Artificial Superada (Superintelligence)**: se refiere a sistemas que superan las capacidades humanas en muchos aspectos, lo que podría tener implicaciones significativas para la sociedad.

Aplicaciones de la IA en la vida diaria

La IA tiene una variedad de aplicaciones en la vida diaria, desde la **asistencia personal** hasta la **automatización de tareas domésticas**. Algunas de las aplicaciones más comunes incluyen:

- **Asistencia personal**: sistemas como **Siri**, **Alexa** y **Google Assistant** pueden realizar tareas como el seguimiento del horario, la planificación de viajes y la gestión de eventos.
- **Automatización de tareas**: programas como **Trello** y **Asana** pueden ayudar a las personas a organizar sus tareas y proyectos de manera más eficiente.
- **Análisis de datos**: herramientas como **Python** y **R** pueden ayudar a las personas a analizar e interpretar grandes conjuntos de datos.

Fundamentos de Python para IA

Python es uno de los lenguajes de programación más populares en la industria de la IA, debido a su facilidad de aprendizaje y su amplia variedad de aplicaciones. Algunos de los fundamentos básicos de Python que se necesitarán para trabajar con IA incluyen:

- **Variables**: Python utiliza variables para almacenar valores y asignarlos a nombres.
- **Ejecución de código**: Python utiliza una sintaxis de ejecución simple y clara, que permite a los programadores escribir y ejecutar códigos de manera rápida y eficiente.
- **Funciones**: Python utiliza funciones para organizar el código y hacerlo más fácil de leer y mantener.

Espero que esto te haya ayudado a entender un poco mejor qué es la **Inteligencia Artificial** y cómo se puede implementar en la vida diaria.

Capítulo 2: Instalación de Python y entornos de desarrollo

Antes de comenzar a trabajar con IA, es importante tener un entorno de desarrollo establecido. Aquí te presento los pasos para **instalar Python** y algunos entornos de desarrollo populares. Además, te explicaremos los conceptos básicos de Python, las bibliotecas esenciales para IA, las estructuras de datos en Python y los primeros pasos en la IA:

Instalación de Python

Python y Bibliotecas Necesarias

1. **Instalación de Python:**
   Primero, descarga la última versión de Python desde el sitio oficial
   https://www.python.org/downloads/. Durante la instalación, asegúrese de seleccionar la opción para agregar Python al PATH del sistema.
2. **Instalación de bibliotecas esenciales:**

NumPy: Utilizado para operaciones con matrices y álgebra lineal.

Código Terminal:

```
pip install numpy
```

Pandas: Para la manipulación y análisis de datos.

Código Terminal:

```
pip install pandas
```

Scikit-learn: Herramienta esencial para implementar algoritmos de machine learning.

Código Terminal:

```
pip install scikit-learn
```

TensorFlow y PyTorch: Librerías clave para desarrollar modelos de deep learning.

Código Terminal:

```
pip install tensorflow
pip install torch
```

Matplotlib y Seaborn: Utilizadas para la visualización de datos.

Código Terminal:

```
pip install matplotlib seaborn
```

Configuración de Entornos Virtuales

El uso de entornos virtuales le permite gestionar las dependencias de sus proyectos de manera aislada, evitando conflictos entre bibliotecas.

Creación de un entorno virtual:

Instale virtualenv si aún no lo tiene:

Código Terminal:

```
pip install virtualenv
```

Luego, cree un nuevo entorno virtual:

Código Terminal:

```
virtualenv nombre_del_entorno
```

Para activar el entorno:

Código Terminal:

```
source nombre_del_entorno/bin/activate   # En sistemas basados en Unix
nombre_del_entorno\Scripts\activate     # En Windows
```

Desactivación del entorno virtual:

Código Terminal:

```
deactivate
```

Entornos de desarrollo populares

Existen varios entornos de desarrollo para Python, cada uno con sus propias características y ventajas. Algunos de los más populares incluyen:

- **PyCharm**: Es un entorno de desarrollo integral que ofrece una interfaz gráfica intuitiva y herramientas avanzadas.
- **Visual Studio Code (VS Code)**: Es un entorno de código abierto que ofrece una interfaz gráfica moderna y soporte para múltiples lenguajes de programación.
- **Jupyter Notebook**: Es un entorno de desarrollo inmersivo que permite a los usuarios crear y ejecutar notebooks de código en tiempo real.

Ejemplo de instalación de PyCharm

Aquí te presento un ejemplo de cómo instalar **PyCharm**:

1. **Descarga la versión más reciente de PyCharm**: Ve al sitio web oficial de PyCharm y busca la versión más reciente.
2. **Ejecuta el instalador**: Sigue las instrucciones en el instalador para elegir la versión correcta para tu sistema operativo.
3. **Verifica la instalación**: Una vez completado el proceso, verifica que PyCharm esté instalado correctamente ejecutando `pycharm --version`.
4. **Ajusta las configuraciones de PyCharm**: Si deseas personalizar las configuraciones de PyCharm, puedes hacerlo ajustando los valores en `~/.config/pycharm3.7/bin/pycharm` (para Windows) o `~/.config/pycharm3.7/bin/pycharm` (para macOS).

Conceptos básicos de Python

Python es un lenguaje de programación **interpretado** y **orientado a objetos**. Es uno de los lenguajes de programación más populares del mundo debido a su facilidad de aprendizaje, su amplia variedad de aplicaciones y su gran comunidad de desarrolladores. Algunos de los conceptos básicos de Python que debes conocer incluyen:

- **Variables**: En Python, las variables son objetos que almacenan valores. Las variables se definen con el símbolo = y se pueden asignar valores utilizando el operador =.
- **Ejecución de código**: El código en Python se ejecuta una vez que se ha definido. La sintaxis básica del código es `python` seguido del conjunto de instrucciones.
- **Control de flujo**: En Python, hay diferentes tipos de control de flujo, como `if`, `for` y `while`. Estos son utilizados para ejecutar diferentes bloques de código dependiendo de las condiciones.

Bibliotecas esenciales para IA

Las bibliotecas son programas que se pueden utilizar para realizar tareas específicas. En la Inteligencia Artificial, algunas de las bibliotecas más esenciales incluyen:

- **NumPy**: Es una biblioteca de matemáticas que se utiliza para realizar operaciones aritméticas y algebraicas en arrays.
- **Pandas**: Es una biblioteca de datos que se utiliza para leer, escribir y manipular grandes conjuntos de datos.
- **Matplotlib**: Es una biblioteca gráfica que se utiliza para crear gráficos y diagramas.

Estas bibliotecas son fundamentales para cualquier proyecto de IA y permiten a los desarrolladores realizar tareas como:

- **Análisis de datos**: NumPy y Pandas se utilizan para leer, procesar y analizar grandes conjuntos de datos.
- **Gráficas**: Matplotlib se utiliza para crear gráficos y diagramas que ilustran los resultados del análisis de datos.

Estructuras de datos en Python

Las **estructuras de datos** son formas en que se organizan los datos dentro de un programa. En Python, las estructuras de datos más comunes incluyen:

- **Listas**: Son una colección de valores ordenados o no ordenados.
- **Pandas DataFrames**: Son una estructura de datos que se utiliza para leer y manipular grandes conjuntos de datos.
- **Diccionarios**: Son una estructura de datos que se utiliza para almacenar información en forma de claves y valores.

Estas estructuras de datos son fundamentales para cualquier proyecto de IA y permiten a los desarrolladores realizar tareas como:

- **Análisis de datos**: Pandas se utiliza para leer, procesar y analizar grandes conjuntos de datos.
- **Creación de modelos**: Matplotlib se utiliza para crear gráficos y diagramas que ilustran los resultados del análisis de datos.

Primeros pasos en la IA

La Inteligencia Artificial es un campo complejo que requiere práctica y experiencia. A continuación, te presentamos algunos primeros pasos que debes tomar para comenzar a trabajar con IA:

1. **Aprende sobre Python**: Es fundamental tener una buena comprensión de la sintaxis y las funciones básicas de Python.
2. **Instala bibliotecas esenciales**: NumPy, Pandas y Matplotlib son fundamentales para cualquier proyecto de IA.
3. **Práctica con ejemplos**: Práctica con ejemplos de código que te permitan aprender a utilizar cada biblioteca y estructura de datos.
4. **Busca ayuda en línea**: Hay muchos recursos en línea disponibles para ayudarte a aprender sobre IA, incluyendo tutoriales, cursos y comunidades de desarrolladores.

Espero que esta guía te haya ayudado a entender los conceptos básicos de Python, las bibliotecas esenciales para IA, las estructuras de datos en Python y los primeros pasos en la IA.

Capítulo 3: ¿Cómo Funciona la Inteligencia Artificial?

La **Inteligencia Artificial (IA)** no es solo una tendencia tecnológica, sino una poderosa herramienta que está cambiando la forma en que interactuamos con el mundo. En este capítulo, explicaremos cómo funciona la IA desde una perspectiva básica, desglosando los algoritmos de IA simples, los algoritmos de búsqueda y cómo se pueden resolver problemas mediante IA. Además, abordaremos las matemáticas que sustentan estos algoritmos y permiten que la IA funcione correctamente.

¿Cómo funciona la Inteligencia Artificial?

La IA se basa en la idea de que las máquinas pueden aprender y tomar decisiones de manera autónoma a partir de datos. Aunque existen diversos enfoques dentro de la IA, todos comparten un objetivo común: resolver problemas complejos que normalmente requerirían de intervención humana.

Para lograrlo, los sistemas de IA utilizan **algoritmos**, que son conjuntos de instrucciones o reglas para realizar tareas específicas. Estos algoritmos se entrenan utilizando datos y ajustan sus parámetros para mejorar con el tiempo.

La IA se puede dividir en dos grandes categorías:

- **IA débil**: Se refiere a sistemas diseñados para realizar tareas específicas, como el reconocimiento de voz o la recomendación de productos. Estos sistemas no tienen conciencia ni comprensión, solo ejecutan tareas predeterminadas.
- **IA fuerte**: Es la teoría de crear máquinas que puedan realizar cualquier tarea cognitiva humana. Aunque aún está en desarrollo, representa el objetivo final de la IA.

Algoritmos de IA Simples

Los algoritmos de IA simples son los fundamentos sobre los que se construyen sistemas más complejos. Algunos de los más comunes incluyen:

- **Algoritmo de clasificación**: Este tipo de algoritmo asigna una categoría o etiqueta a un dato. Por ejemplo, un algoritmo de clasificación puede decidir si una imagen contiene un gato o un perro basándose en las características de la imagen.
- **Algoritmo de regresión**: En lugar de asignar una etiqueta, estos algoritmos predicen un valor continuo. Un ejemplo podría ser predecir el precio de una casa según sus características (tamaño, ubicación, número de habitaciones, etc.).

- **Algoritmo de agrupamiento (Clustering)**: Estos algoritmos agrupan datos similares sin necesidad de etiquetas predefinidas. Es útil cuando se desea descubrir patrones ocultos en un conjunto de datos sin saber de antemano a qué categorías pertenecen.

Estos algoritmos son básicos, pero son utilizados en una amplia variedad de aplicaciones cotidianas, desde recomendaciones de productos en línea hasta el diagnóstico médico.

Algoritmos de Búsqueda

Uno de los componentes clave de muchos sistemas de IA es la capacidad de buscar soluciones a problemas complejos. Los algoritmos de búsqueda permiten a un sistema explorar diferentes posibles soluciones para encontrar la mejor. Algunos ejemplos comunes incluyen:

- **Búsqueda en profundidad (DFS)**: Este algoritmo explora todos los posibles caminos en un espacio de búsqueda de manera exhaustiva. Es útil cuando se necesita encontrar una solución en un espacio relativamente pequeño, pero puede ser ineficiente en espacios más grandes.
- **Búsqueda en anchura (BFS)**: A diferencia de la búsqueda en profundidad, la búsqueda en anchura explora todos los nodos a un nivel dado antes de pasar al siguiente nivel. Es más eficiente que la búsqueda en profundidad en ciertos problemas.
- **Algoritmo A***: Este algoritmo es utilizado para encontrar el camino más corto en grafos, como en aplicaciones de navegación o en juegos de IA. Combina lo mejor de la búsqueda en profundidad y en anchura, al evaluar no solo la distancia recorrida, sino también una estimación de la distancia restante.

Estos algoritmos permiten a los sistemas de IA resolver problemas complejos, como encontrar el mejor camino en un mapa o determinar la secuencia de acciones óptima para alcanzar un objetivo.

Ejemplo Práctico: Resolviendo un Problema con IA

Vamos a utilizar un ejemplo práctico para mostrar cómo los algoritmos de IA pueden ser aplicados para resolver problemas del mundo real. Supongamos que tenemos una tienda en línea que desea predecir si un cliente hará una compra basándose en características como la edad, el género y el historial de navegación.

1. **Recopilación de Datos**: Lo primero que necesitamos son datos. En este caso, recopilaremos información sobre clientes anteriores, como su edad, género, productos que han visto y si realizaron una compra o no.

2. **Entrenamiento del Modelo**: Utilizamos un algoritmo de clasificación (por ejemplo, un **Árbol de Decisión**) para entrenar un modelo basado en estos datos. El modelo aprenderá a identificar patrones y correlaciones entre las características del cliente y la probabilidad de que realicen una compra.
3. **Evaluación del Modelo**: Después de entrenar el modelo, lo evaluamos utilizando datos que no ha visto antes. Esto nos ayuda a comprobar la precisión del modelo y asegurarnos de que puede generalizar bien a nuevos datos.
4. **Implementación**: Una vez que el modelo ha sido entrenado y evaluado, lo implementamos en el sistema de la tienda. Ahora, cuando un nuevo cliente visite la página, el modelo podrá predecir con precisión si es probable que compre basándose en sus características y comportamiento previo.

Este es un ejemplo simple, pero ilustra cómo los algoritmos de IA pueden aplicarse en situaciones del mundo real para tomar decisiones automatizadas y mejorar la eficiencia.

Conclusión

En este capítulo, hemos visto cómo funciona la **Inteligencia Artificial** a través de algoritmos simples, algoritmos de búsqueda y ejemplos prácticos. Entender cómo funciona la IA es el primer paso para comenzar a diseñar y construir tus propios sistemas inteligentes.

Capítulo 4: Matemáticas para la Inteligencia Artificial

La **Inteligencia Artificial (IA)** se basa en conceptos matemáticos fundamentales que permiten crear algoritmos eficientes y modelos predictivos. En este capítulo, exploramos tres áreas clave de las matemáticas que son esenciales para comprender y desarrollar sistemas de IA: **Álgebra Lineal**, **Cálculo y Derivadas**, y **Probabilidades y Estadísticas**. Además, discutiremos cómo estas disciplinas matemáticas se aplican directamente en el campo del **Aprendizaje Automático (Machine Learning)**.

Álgebra Lineal para IA

El álgebra lineal es un área de las matemáticas que se enfoca en el estudio de vectores, matrices y transformaciones lineales. Es fundamental para trabajar con datos y redes neuronales, ya que muchos de los algoritmos utilizados en IA se pueden expresar y resolver utilizando operaciones de álgebra lineal.

- **Vectores y matrices** son las estructuras clave en álgebra lineal. En el contexto de la IA, los **vectores** representan datos o características de los objetos que estamos analizando (como las características de una imagen), y las **matrices** se utilizan para representar transformaciones de esos datos. Por ejemplo, en las redes neuronales, cada capa puede representarse como una matriz de pesos, y la multiplicación de matrices es una operación fundamental durante el proceso de entrenamiento de un modelo.
- **Transformaciones lineales** son otro aspecto importante del álgebra lineal que se utiliza para modificar los datos. Estas transformaciones son esenciales cuando se trabaja con **reducción de dimensionalidad** o cuando se necesita optimizar los datos de entrada para que los modelos de IA funcionen mejor.

Cálculo y Derivadas

El cálculo es crucial para el **aprendizaje automático**, especialmente cuando se trata de optimizar los modelos y entrenarlos de manera eficiente. El **cálculo diferencial** nos ayuda a comprender cómo cambiarán los resultados de una función si ajustamos sus parámetros, lo que es esencial para el proceso de entrenamiento de modelos en IA.

- Las **derivadas** nos permiten encontrar los puntos de mínimo o máximo de una función, lo que es útil para entrenar redes neuronales. Durante el proceso de entrenamiento, el modelo ajusta sus parámetros (por ejemplo, los pesos en una red neuronal) para minimizar el error. Este proceso de ajuste se realiza mediante la técnica llamada **gradiente descendente**, que se basa en las derivadas para movernos en la dirección en la que el error disminuye más rápidamente.

Por ejemplo, en el entrenamiento de redes neuronales, calculamos las derivadas de la función de pérdida con respecto a los parámetros del modelo, y utilizamos este valor para actualizar los pesos de manera que la red neuronal se ajuste mejor a los datos.

Probabilidades y Estadísticas

Las probabilidades y estadísticas son fundamentales para la toma de decisiones en modelos de IA. La **probabilidad** nos ayuda a entender y modelar la incertidumbre que puede estar presente en los datos o en las predicciones del modelo.

- En el contexto del **Aprendizaje Automático**, las **probabilidades** son útiles para determinar la certeza de una predicción. Por ejemplo, un modelo de clasificación puede devolver la probabilidad de que una imagen pertenezca a una determinada categoría, en lugar de simplemente asignarla a una categoría. Esto es especialmente importante en aplicaciones de IA que requieren decisiones basadas en incertidumbre, como la medicina o la conducción autónoma.
- Las **estadísticas** se utilizan para analizar grandes volúmenes de datos y extraer información relevante. Ayudan a identificar patrones y tendencias dentro de los datos, lo que es crucial para entrenar y evaluar los modelos. La **distribución normal**, por ejemplo, es comúnmente utilizada para describir cómo se distribuyen los datos en muchos problemas de IA, y la **regresión estadística** es una técnica clave para predecir resultados continuos.

Cómo se Aplica la Matemática en IA

La matemática no es solo una abstracción teórica; tiene aplicaciones muy concretas en la creación de modelos de IA. A lo largo del proceso de **Aprendizaje Automático**, estas herramientas matemáticas permiten a los modelos aprender de los datos y hacer predicciones de manera eficiente.

- **Álgebra Lineal**: Se utiliza para representar y manipular grandes conjuntos de datos de manera eficiente, y es esencial en el entrenamiento de redes neuronales.
- **Cálculo**: Es necesario para la optimización de modelos. Sin cálculo, no podríamos ajustar los parámetros del modelo para mejorar su rendimiento y precisión.
- **Probabilidades y Estadísticas**: Nos ayudan a trabajar con la incertidumbre en los datos y a evaluar la precisión de las predicciones, lo que es crucial para tomar decisiones informadas en aplicaciones reales de IA.

A través de estas herramientas matemáticas, los modelos de IA pueden aprender de los datos, adaptarse a nuevos patrones y realizar tareas complejas, como clasificación, predicción y toma de decisiones.

Aprendizaje Automático (Machine Learning)

El **Aprendizaje Automático (Machine Learning)** es una rama de la IA que se basa en las matemáticas que hemos explorado en este capítulo. Los modelos de aprendizaje automático aprenden de los datos mediante la aplicación de algoritmos matemáticos, sin necesidad de ser programados explícitamente para realizar una tarea.

- **Regresión**: Un algoritmo de regresión intenta modelar la relación entre una variable dependiente y una o más variables independientes. Esto es útil para predecir valores continuos, como el precio de una casa o la temperatura de un lugar.
- **Clasificación**: La clasificación es una tarea en la que el modelo asigna una etiqueta a una entrada, como identificar si una imagen muestra un gato o un perro. Los algoritmos de clasificación, como el **K-Nearest Neighbors (KNN)** o el **Árbol de Decisión**, utilizan conceptos de probabilidad y estadística para tomar decisiones.
- **Agrupamiento (Clustering)**: A través de técnicas como el **K-Means**, el agrupamiento busca encontrar patrones en los datos sin necesidad de etiquetas predefinidas, lo que lo convierte en un método útil para explorar grandes conjuntos de datos.

A medida que los algoritmos de **Aprendizaje Automático** se entrenan con más datos, utilizan la matemática para ajustar sus parámetros, mejorar su precisión y tomar decisiones más inteligentes.

Conclusión

Las **matemáticas** son el lenguaje en el que se expresa la **Inteligencia Artificial**. Sin el conocimiento de álgebra lineal, cálculo, derivadas, probabilidad y estadística, no sería posible construir modelos de IA que puedan aprender y tomar decisiones. En este capítulo, hemos dado un vistazo a cómo estos principios matemáticos se aplican directamente en el campo del **Aprendizaje Automático**, que es el núcleo de muchas aplicaciones de IA. Al dominar estas matemáticas, estarás mejor preparado para desarrollar soluciones de IA más efectivas y comprensivas.

Capítulo 5: Introducción al Aprendizaje Automático

El **Aprendizaje Automático** (Machine Learning) es una rama clave de la **Inteligencia Artificial** que permite a las máquinas aprender de los datos y mejorar su rendimiento a medida que adquieren experiencia. En este capítulo, exploraremos los conceptos fundamentales del aprendizaje automático, incluidos los tipos de aprendizaje, los algoritmos más utilizados y cómo evaluar los modelos entrenados. Además, discutiremos las **Redes Neuronales Artificiales**, una de las técnicas más poderosas en el campo del aprendizaje automático.

Tipos de Aprendizaje: Supervisado, No Supervisado y por Refuerzo

En el aprendizaje automático, existen tres tipos principales de aprendizaje, cada uno adecuado para diferentes tipos de problemas y datos. A continuación, explicamos cada tipo:

1. Aprendizaje Supervisado

El aprendizaje supervisado es el tipo más común de aprendizaje automático. En este enfoque, el modelo es entrenado con un conjunto de datos etiquetados, es decir, datos en los que ya se conoce la respuesta correcta. El objetivo es que el modelo aprenda a mapear las entradas (características) a las salidas (etiquetas o resultados).

- **Ejemplo**: Clasificación de correos electrónicos como "spam" o "no spam" basado en un conjunto de datos de correos electrónicos previamente etiquetados.

2. Aprendizaje No Supervisado

En el aprendizaje no supervisado, el modelo recibe datos sin etiquetas y tiene que encontrar patrones o estructuras ocultas dentro de los datos. Este enfoque se utiliza cuando no tenemos una salida específica para cada entrada y buscamos descubrir relaciones o agrupaciones en los datos.

- **Ejemplo**: Segmentación de clientes en grupos similares según sus comportamientos de compra sin conocer previamente las categorías de clientes.

3. Aprendizaje por Refuerzo

El aprendizaje por refuerzo es un tipo de aprendizaje en el que un agente aprende a tomar decisiones a través de la interacción con su entorno. El agente realiza acciones y recibe recompensas o castigos, lo que le permite aprender a maximizar la recompensa a largo plazo.

- **Ejemplo**: Un robot que aprende a moverse en un entorno evitando obstáculos, recompensado cada vez que avanza sin chocar y penalizado cuando lo hace.

Algoritmos Básicos: Regresión, Clasificación y Agrupamiento

A continuación, describimos los tres algoritmos básicos que se utilizan comúnmente en el aprendizaje supervisado y no supervisado:

1. Regresión

La regresión se utiliza para predecir un valor continuo basado en un conjunto de entradas. El algoritmo de regresión trata de encontrar la relación entre una variable dependiente y una o más variables independientes.

- **Ejemplo**: Predecir el precio de una casa en función de su tamaño, ubicación y otras características.

2. Clasificación

La clasificación es un algoritmo supervisado en el que el objetivo es asignar una etiqueta a una entrada. El modelo es entrenado con un conjunto de datos etiquetados y luego es capaz de predecir la clase de nuevas entradas.

- **Ejemplo**: Clasificar imágenes de animales como "gato" o "perro".

3. Agrupamiento (Clustering)

El agrupamiento es una técnica de aprendizaje no supervisado que busca dividir los datos en grupos o clústeres según sus características similares. No se requiere ninguna etiqueta predefinida.

- **Ejemplo**: Agrupar a los usuarios de una tienda online según sus comportamientos de compra.

Evaluación de Modelos: Precisión, Recall, F1-Score

Una vez que un modelo ha sido entrenado, es fundamental evaluar su rendimiento para asegurarnos de que esté realizando predicciones correctas. Existen varias métricas de evaluación que nos ayudan a medir la efectividad de un modelo, especialmente en tareas de clasificación.

1. Precisión (Accuracy)

La precisión es la proporción de predicciones correctas sobre el total de predicciones realizadas. Aunque es una métrica comúnmente utilizada, puede no ser suficiente en problemas desequilibrados (cuando una clase es mucho más frecuente que la otra).

- **Fórmula**: Precisio´n=Predicciones Correctas Total de Predicciones\text{Precisión} = \frac{\text{Predicciones Correctas}}{\text{Total de Predicciones}}Precisio´n=Total de Predicciones Predicciones Correctas

2. Recall (Sensibilidad o Exhaustividad)

El **recall** mide la capacidad del modelo para identificar todas las instancias relevantes dentro de una clase. Es útil cuando el costo de perder una instancia positiva es alto.

- **Fórmula**: Recall=Predicciones Correctas Positivas Total de Instancias Positivas\text{Recall} = \frac{\text{Predicciones Correctas Positivas}}{\text{Total de Instancias Positivas}}Recall=Total de Instancias Positivas Predicciones Correctas Positivas

3. F1-Score

El **F1-score** es la media armónica de la precisión y el recall, lo que permite equilibrar ambas métricas. Es especialmente útil cuando tenemos un desequilibrio entre clases.

- **Fórmula**: F1=2×Precisión×Recall Precision+Recall F1 = 2 \times \frac{\text{Precisión} \times \text{Recall}}{\text{Precisión} + \text{Recall}}F1=2×Precisio´n+RecallPrecisio´n×Recall

---

Redes Neuronales Artificiales

Las **Redes Neuronales Artificiales (ANN)** son un tipo de modelo inspirado en el cerebro humano que se utiliza ampliamente en el aprendizaje profundo (deep learning). Una red neuronal está compuesta por capas de **neuronas artificiales**, que son unidades matemáticas que procesan los datos y aprenden patrones complejos.

Estructura de una Red Neuronal

Una red neuronal consta de tres tipos de capas:

1. **Capa de entrada**: Recibe los datos de entrada (por ejemplo, características de una imagen).
2. **Capas ocultas**: Realizan transformaciones de los datos y permiten que el modelo aprenda representaciones abstractas.
3. **Capa de salida**: Produce la predicción o clasificación final.

Función de Activación

Cada neurona en una red neuronal aplica una **función de activación** para introducir no linealidades en el modelo. Algunas funciones de activación populares incluyen **ReLU (Rectified Linear Unit)** y **sigmoide**.

Entrenamiento de Redes Neuronales

El entrenamiento de una red neuronal se realiza mediante un proceso de retropropagación y **optimización de los pesos** utilizando el **gradiente descendente**. A medida que la red recibe más datos, ajusta sus pesos para minimizar el error en sus predicciones.

Conclusión

El **Aprendizaje Automático** es un campo poderoso y esencial en la inteligencia artificial, que permite a las máquinas aprender de los datos sin necesidad de programación explícita. En este capítulo, hemos cubierto los tipos de aprendizaje (supervisado, no supervisado y por refuerzo), los algoritmos básicos como la regresión, clasificación y agrupamiento, así como las métricas para evaluar los modelos, como la precisión, recall y F1-score. También hemos introducido las **Redes Neuronales Artificiales**, que son fundamentales en el campo del aprendizaje profundo. Al comprender estos conceptos, estarás preparado para comenzar a desarrollar y evaluar modelos de aprendizaje automático en tus propios proyectos de IA.

Capítulo 6: ¿Qué son las Redes Neuronales?

Las **Redes Neuronales Artificiales (ANN)** son uno de los pilares fundamentales del **Aprendizaje Automático** y del **Aprendizaje Profundo** (Deep Learning). Inspiradas en el cerebro humano, las redes neuronales tienen la capacidad de aprender patrones complejos a partir de grandes volúmenes de datos, lo que las convierte en una herramienta poderosa para tareas como la clasificación, el reconocimiento de imágenes, la predicción de series temporales, y muchas más. En este capítulo, explicaremos qué son las redes neuronales, su arquitectura básica, los algoritmos de entrenamiento, y cómo implementar una red neuronal en Python. Además, veremos cómo las redes neuronales se expanden hacia el **Aprendizaje Profundo**, una subrama del aprendizaje automático que utiliza redes más complejas y profundas.

¿Qué son las Redes Neuronales?

Las redes neuronales son modelos computacionales inspirados en la estructura y el funcionamiento del cerebro humano. En términos sencillos, son sistemas compuestos por **neuronas artificiales** que reciben, procesan y transmiten información. Cada neurona realiza una operación matemática sobre los datos de entrada y envía los resultados a otras neuronas. A través de este proceso, las redes neuronales aprenden a realizar tareas como la clasificación, predicción y reconocimiento.

Las redes neuronales son particularmente útiles para reconocer patrones complejos que no pueden ser resueltos con técnicas tradicionales de programación. Esto las hace esenciales en aplicaciones de **visibilidad computacional**, **procesamiento del lenguaje natural** y **tareas de predicción**.

Arquitectura Básica de una Red Neuronal

La arquitectura de una red neuronal se compone de tres componentes principales: la **capa de entrada**, las **capas ocultas** y la **capa de salida**.

1. Capa de Entrada

La capa de entrada es donde los datos llegan a la red neuronal. Cada **nodo o neurona** de esta capa representa una característica del conjunto de datos. Por ejemplo, en una red neuronal para reconocimiento de imágenes, cada nodo en la capa de entrada podría representar un píxel de la imagen.

2. Capas Ocultas

Las capas ocultas están ubicadas entre la capa de entrada y la capa de salida. Son las responsables de realizar la mayor parte del procesamiento de los datos. Cada capa oculta consiste en varias neuronas, y cada neurona aplica una función matemática (como la función de activación) a los datos que recibe. Las capas ocultas son esenciales para que la red neuronal pueda aprender patrones complejos.

3. Capa de Salida

La capa de salida es la última capa de la red neuronal y proporciona el resultado final de la predicción o clasificación. Dependiendo de la tarea, el número de neuronas en la capa de salida varía. En una tarea de clasificación binaria, habrá una sola neurona de salida; en una tarea de clasificación múltiple, habrá tantas neuronas como clases posibles.

Conexiones y Pesos

Las neuronas en una red están conectadas entre sí por **enlaces** que tienen asociados **pesos**. Los pesos son valores numéricos que determinan la importancia de cada entrada. Durante el proceso de entrenamiento, los pesos son ajustados para minimizar el error de la red.

Algoritmos de Entrenamiento: Retropropagación

El **entrenamiento** de una red neuronal implica ajustar los pesos de las conexiones entre neuronas para que el modelo realice predicciones lo más precisas posible. Uno de los algoritmos más utilizados para este propósito es la **retropropagación** (Backpropagation).

Proceso de Retropropagación

1. **Propagación hacia adelante**: Primero, los datos de entrada se envían hacia adelante a través de la red neuronal, capa por capa, hasta que se obtiene una predicción en la capa de salida.
2. **Cálculo del error**: El error se calcula comparando la salida predicha con la salida real (en el caso de un problema supervisado).
3. **Retropropagación del error**: El error calculado se propaga hacia atrás a través de la red, ajustando los pesos en función de cuánto contribuyó cada peso al error total. Este proceso se realiza utilizando el algoritmo de **gradiente descendente**.
4. **Actualización de los pesos**: Los pesos se ajustan utilizando una tasa de aprendizaje, que determina cuánto deben cambiar los pesos en cada iteración.

Este proceso se repite muchas veces hasta que la red neuronal converja, es decir, hasta que los pesos se ajusten de manera que la red realice predicciones precisas.

Implementación de una Red Neuronal con Python

Una de las formas más sencillas de implementar redes neuronales en Python es mediante el uso de bibliotecas como **Keras** (que se ejecuta sobre **TensorFlow**) o **PyTorch**. A continuación, veremos un ejemplo básico de implementación de una red neuronal utilizando Keras para clasificar el conjunto de datos **MNIST** (un conjunto de imágenes de dígitos escritos a mano).

Ejemplo con Keras

Código Python:

```python
import tensorflow as tf

from tensorflow.keras.models import Sequential

from tensorflow.keras.layers import Dense, Flatten

from tensorflow.keras.datasets import mnist

from tensorflow.keras.utils import to_categorical


# Cargar el conjunto de datos MNIST

(X_train, y_train), (X_test, y_test) = mnist.load_data()


# Preprocesamiento de los datos

X_train, X_test = X_train / 255.0, X_test / 255.0  # Normalización

y_train, y_test = to_categorical(y_train, 10), to_categorical(y_test, 10)

# Codificación One-Hot

# Crear el modelo de red neuronal

model = Sequential([

    Flatten(input_shape=(28, 28)),  # Aplanar las imágenes

    Dense(128, activation='relu'),  # Capa densa con 128 neuronas

    Dense(10, activation='softmax')  # Capa de salida con 10 neuronas (para
10 clases)

])
```

```python
# Compilar el modelo

model.compile(optimizer='adam',

              loss='categorical_crossentropy',

              metrics=['accuracy'])


# Entrenar el modelo

model.fit(X_train, y_train, epochs=5)


# Evaluar el modelo

test_loss, test_acc = model.evaluate(X_test, y_test)

print(f'Precisión en el conjunto de prueba: {test_acc}')
```

Este es un ejemplo sencillo de cómo crear y entrenar una red neuronal utilizando **Keras** para resolver un problema de clasificación de imágenes. La red tiene una capa de entrada (que aplana las imágenes), una capa oculta con 128 neuronas, y una capa de salida con 10 neuronas (correspondientes a las 10 clases del conjunto de datos MNIST).

Aprendizaje Profundo (Deep Learning)

El **Aprendizaje Profundo** es una subdisciplina del aprendizaje automático que se basa en redes neuronales con muchas capas ocultas, conocidas como **redes neuronales profundas**. Estas redes tienen la capacidad de aprender representaciones de datos de manera jerárquica, lo que les permite resolver problemas complejos que no podrían ser abordados con redes más superficiales.

Redes Neuronales Profundas

En una red neuronal profunda, las capas ocultas pueden ser muchas (a veces cientos o más), lo que permite que la red aprenda características más abstractas y complejas. Este tipo de redes es especialmente útil para tareas como **reconocimiento de voz**, **visión computacional** y **traducción automática**.

Redes Convolucionales (CNNs)

Una de las arquitecturas más populares dentro del aprendizaje profundo son las **Redes Neuronales Convolucionales (CNNs)**, que se utilizan principalmente en visión computacional. Las CNNs están diseñadas para reconocer patrones espaciales en los datos, como las características de una imagen.

Conclusión

Las **Redes Neuronales Artificiales** son un componente crucial en el campo de la Inteligencia Artificial y el Aprendizaje Automático. A través de su arquitectura de neuronas conectadas, las redes neuronales tienen la capacidad de aprender patrones complejos en los datos, lo que las hace fundamentales para una amplia variedad de aplicaciones. En este capítulo, hemos cubierto los principios básicos de las redes neuronales, su arquitectura, los algoritmos de entrenamiento como la retropropagación, y cómo implementar una red neuronal básica en Python. También hemos introducido el **Aprendizaje Profundo** y su uso en problemas complejos a través de redes neuronales profundas. Con estos conocimientos, estarás mejor preparado para abordar tareas avanzadas de IA utilizando redes neuronales.

Capítulo 7: Introducción al Aprendizaje Profundo

El **Aprendizaje Profundo** (Deep Learning) es una rama del **Aprendizaje Automático** que utiliza redes neuronales con múltiples capas ocultas para aprender representaciones de datos complejas y jerárquicas. A diferencia de las redes neuronales tradicionales, las redes profundas tienen la capacidad de abordar problemas altamente complejos, como el **reconocimiento de voz**, el **procesamiento de imágenes** y la **traducción automática**. En este capítulo, exploramos algunas de las arquitecturas más populares del aprendizaje profundo, como las **Redes Neuronales Convolucionales (CNN)** y las **Redes Neuronales Recurrentes (RNN)**, además de ofrecer un ejemplo práctico sobre la implementación de una CNN para clasificación de imágenes. También veremos cómo el aprendizaje profundo se aplica en el campo del **Procesamiento de Lenguaje Natural (NLP)**.

Redes Neuronales Convolucionales (CNN)

Las **Redes Neuronales Convolucionales** (CNN) son un tipo especializado de red neuronal diseñada para reconocer patrones espaciales en datos, como imágenes o vídeos. En lugar de tratar todos los datos de entrada de manera lineal, como en las redes neuronales tradicionales, las CNN utilizan operaciones de **convolución** para extraer características locales de las imágenes.

Arquitectura de una CNN

Una CNN típica se compone de varios tipos de capas que permiten detectar características jerárquicas en los datos:

1. **Capa Convolucional**: Esta capa aplica filtros (o convoluciones) a la imagen de entrada para extraer características como bordes, texturas y patrones.
2. **Capa de Activación**: Después de la convolución, se aplica una función de activación, como la **ReLU (Rectified Linear Unit)**, para introducir no linealidades en la red.
3. **Capa de Agrupamiento (Pooling)**: Esta capa reduce la dimensionalidad de los datos y mejora la eficiencia computacional. El **max pooling** es uno de los métodos más comunes, que toma el valor máximo de una región específica de la imagen.
4. **Capa Totalmente Conectada (Fully Connected)**: Después de las capas convolucionales y de agrupamiento, las características extraídas son pasadas a través de una o más capas densas, que permiten realizar tareas de clasificación o regresión.
5. **Capa de Salida**: En tareas de clasificación, la capa de salida tiene un número de neuronas igual al número de clases posibles, con una función de activación **softmax** que convierte las salidas en probabilidades.

Las CNN son ampliamente utilizadas en aplicaciones de **visión por computadora**, como el **reconocimiento de imágenes** y la **detección de objetos**.

Redes Neuronales Recurrentes (RNN)

Las **Redes Neuronales Recurrentes** (RNN) son un tipo de red neuronal diseñada para trabajar con datos secuenciales, como series temporales o texto. A diferencia de las redes tradicionales, las RNN tienen **conexiones cíclicas** que permiten que la información se pase de un paso temporal al siguiente. Esta característica hace que las RNN sean ideales para tareas como el **procesamiento de lenguaje natural** (NLP) o la **predicción de series temporales**.

Características de las RNN

1. **Memoria a Corto Plazo**: Las RNN pueden recordar información de pasos anteriores en la secuencia, lo que les permite capturar dependencias a corto plazo entre los datos.
2. **Celdas LSTM y GRU**: Las **LSTM** (Long Short-Term Memory) y **GRU** (Gated Recurrent Units) son variantes de las RNN que están diseñadas para resolver el problema del **desvanecimiento del gradiente**, permitiendo que las redes recuerden información a largo plazo.

Las RNN son utilizadas en tareas como **traducción automática**, **reconocimiento de voz**, y **análisis de sentimientos**.

Ejemplo práctico: Implementación de una CNN para Clasificación de Imágenes

A continuación, vamos a ver cómo implementar una CNN básica para la clasificación de imágenes utilizando Python y la biblioteca **Keras**.

Ejemplo con Keras para clasificación de imágenes

En este ejemplo, utilizaremos el conjunto de datos **CIFAR-10**, que contiene 60,000 imágenes de 32x32 píxeles, distribuidas en 10 clases. Crearemos una CNN simple para clasificar estas imágenes.

Código Python:

```python
import tensorflow as tf
from tensorflow.keras.models import Sequential
from tensorflow.keras.layers import Conv2D, MaxPooling2D, Flatten, Dense
```

```python
from tensorflow.keras.datasets import cifar10
from tensorflow.keras.utils import to_categorical

# Cargar el conjunto de datos CIFAR-10
(X_train, y_train), (X_test, y_test) = cifar10.load_data()

# Preprocesamiento de los datos
X_train, X_test = X_train / 255.0, X_test / 255.0  # Normalización
y_train, y_test = to_categorical(y_train, 10), to_categorical(y_test, 10)
# Codificación One-Hot

# Crear el modelo de red neuronal convolucional (CNN)
model = Sequential([
    Conv2D(32, (3, 3), activation='relu', input_shape=(32, 32, 3)),  # Capa
convolucional
    MaxPooling2D(pool_size=(2, 2)),  # Capa de agrupamiento
    Conv2D(64, (3, 3), activation='relu'),  # Otra capa convolucional
    MaxPooling2D(pool_size=(2, 2)),  # Capa de agrupamiento
    Flatten(),  # Aplanar los datos para pasarlos a las capas densas
    Dense(64, activation='relu'),  # Capa densa
    Dense(10, activation='softmax')  # Capa de salida (10 clases)
])

# Compilar el modelo
model.compile(optimizer='adam',
              loss='categorical_crossentropy',
              metrics=['accuracy'])

# Entrenar el modelo
model.fit(X_train, y_train, epochs=10, batch_size=64)

# Evaluar el modelo en el conjunto de prueba
test_loss, test_acc = model.evaluate(X_test, y_test)
print(f'Precisión en el conjunto de prueba: {test_acc}')
```

Este código crea una CNN básica para clasificar imágenes del conjunto **CIFAR-10**. El modelo consta de dos capas convolucionales seguidas de capas de agrupamiento y una capa densa para la clasificación.

Procesamiento de Lenguaje Natural (NLP)

El **Procesamiento de Lenguaje Natural (NLP)** es un campo del aprendizaje automático que se enfoca en la interacción entre las máquinas y el lenguaje humano. Utiliza técnicas de aprendizaje profundo, como las **Redes Neuronales Recurrentes** (RNN), para realizar tareas como la **traducción automática, análisis de sentimientos, respuestas automáticas** y **generación de texto**.

Tareas Comunes de NLP

- **Análisis de Sentimientos**: Determinar si un texto tiene una connotación positiva, negativa o neutral.
- **Traducción automática**: Traducir un texto de un idioma a otro.
- **Generación de Texto**: Crear texto de manera autónoma a partir de un conjunto de datos de ejemplo.

Las arquitecturas más avanzadas para NLP incluyen los **Transformers**, como **BERT** y **GPT**, que han revolucionado el campo al ofrecer modelos pre entrenados capaces de abordar una amplia gama de tareas de NLP con resultados impresionantes.

Conclusión

El **Aprendizaje Profundo** ha transformado muchos campos de la inteligencia artificial, permitiendo avances en áreas como la **visión computacional** y el **procesamiento de lenguaje natural**. En este capítulo, exploramos dos de las arquitecturas más importantes: las **Redes Neuronales Convolucionales (CNN)** y las **Redes Neuronales Recurrentes (RNN)**, además de ofrecer un ejemplo práctico para implementar una CNN en Python. También hemos visto cómo el aprendizaje profundo se aplica en el **Procesamiento de Lenguaje Natural**. Con estos conocimientos, estarás mejor preparado para abordar tareas complejas y avanzar en el mundo del aprendizaje profundo.

Capítulo 8: Procesamiento de Lenguaje Natural (NLP) y Visión por Computadora

El **Procesamiento de Lenguaje Natural (NLP)** y la **Visión por Computadora** son dos campos fundamentales de la inteligencia artificial que se enfocan en hacer que las máquinas comprendan y procesen datos no estructurados, como texto e imágenes. En este capítulo, exploramos los conceptos clave de NLP, incluidas las técnicas de **tokenización**, **lematización** y los **modelos de lenguaje** más avanzados, como **n-gramas**, **LSTM** y **transformers**. También implementaremos un proyecto práctico de **análisis de sentimientos** utilizando Python. Además, profundizaremos brevemente en la **Visión por Computadora**, que permite a las máquinas interpretar y comprender imágenes.

¿Qué es el procesamiento de lenguaje natural (NLP)?

El **Procesamiento de Lenguaje Natural** (NLP) es un campo de la inteligencia artificial que se ocupa de la interacción entre las computadoras y el lenguaje humano. Su objetivo es permitir que las máquinas comprendan, procesen y generen lenguaje natural de manera que sea útil y significativa.

Tareas comunes de NLP

- **Clasificación de texto**: Asignar una categoría a un texto.
- **Análisis de sentimientos**: Determinar si el texto tiene una carga emocional positiva, negativa o neutral.
- **Traducción automática**: Traducir texto de un idioma a otro.
- **Generación de texto**: Crear texto automáticamente a partir de datos.

NLP tiene aplicaciones en muchos campos, desde la **atención al cliente** automatizada hasta los **sistemas de recomendación**.

Tokenización y Lematización

Tokenización

La **tokenización** es el proceso de dividir un texto en unidades más pequeñas, conocidas como **tokens**. Los tokens pueden ser palabras, caracteres o subpalabras, dependiendo del nivel de tokenización elegido. La tokenización es el primer paso en cualquier tarea de NLP, ya que convierte el texto en una estructura que la máquina puede procesar.

Ejemplo:

- Texto: "El gato corre rápido."
- Tokens: ["El", "gato", "corre", "rápido"]

Lematización

La **lematización** es el proceso de reducir una palabra a su forma base o raíz, conocida como **lema**. A diferencia de la **stemming**, que solo recorta los sufijos de las palabras, la lematización tiene en cuenta el contexto y las reglas gramaticales para identificar la forma correcta de la palabra.

Ejemplo:

- Palabra: "corriendo"
- Lema: "correr"

La lematización es crucial para mejorar la precisión de los modelos de NLP al reducir la variabilidad de las palabras que significan lo mismo.

Modelos de Lenguaje: n-gramas, LSTM, Transformers

n-gramas

Los **n-gramas** son secuencias de **n** elementos consecutivos (palabras o caracteres) que se extraen de un texto. Los n-gramas se utilizan para modelar la probabilidad de una palabra dada en función de las palabras anteriores. Son una forma básica de representar el contexto de las palabras en un texto.

Ejemplo:

- 1-grama (unigramas): ["El", "gato", "corre"]
- 2-grama (bigramas): ["El gato", "gato corre"]
- 3-grama (trigramas): ["El gato corre"]

Aunque los n-gramas son simples, no capturan relaciones a largo plazo y pueden ser ineficaces para tareas complejas de NLP.

LSTM (Long Short-Term Memory)

Las **LSTM** son un tipo de red neuronal recurrente (RNN) que puede aprender dependencias a largo plazo en secuencias de texto. A diferencia de las RNN tradicionales, las LSTM resuelven el problema del **desvanecimiento del gradiente**, permitiendo que las redes recuerden información durante más tiempo. Las LSTM son útiles para tareas como la **traducción automática** y el **análisis de sentimientos**.

Transformers

Los **transformers** son una arquitectura de red neuronal revolucionaria que ha superado a las LSTM en muchas tareas de NLP. Los transformers utilizan mecanismos de **atención** para asignar diferentes pesos a diferentes partes de la entrada, permitiendo que el modelo capture relaciones más complejas entre palabras. Modelos populares como **BERT** y **GPT** están basados en transformers y han logrado resultados sobresalientes en tareas de NLP.

Proyecto práctico: Análisis de Sentimientos con Python

En este proyecto práctico, implementaremos un modelo simple de **análisis de sentimientos** utilizando Python y la biblioteca **Keras**. Este modelo clasificará las reseñas de productos como positivas o negativas.

Pasos del proyecto:

1. **Instalar las bibliotecas necesarias**

Código Terminal:

```
pip install tensorflow numpy pandas scikit-learn
```

2. **Cargar y preprocesar los datos**

En este ejemplo, usaremos el conjunto de datos de reseñas de productos de **IMDb**, que ya está incluido en Keras.

Código Python:

```python
import tensorflow as tf
from tensorflow.keras.datasets import imdb
from tensorflow.keras.preprocessing.sequence import pad_sequences

# Cargar el conjunto de datos IMDb
(X_train, y_train), (X_test, y_test) = imdb.load_data(num_words=10000)

# Rellenar las secuencias para que tengan la misma longitud
X_train = pad_sequences(X_train, maxlen=500)
X_test = pad_sequences(X_test, maxlen=500)
```

3. **Crear el modelo**

Código Python:

```python
model = tf.keras.Sequential([
    tf.keras.layers.Embedding(10000, 128, input_length=500),
    tf.keras.layers.LSTM(128, dropout=0.2, recurrent_dropout=0.2),
    tf.keras.layers.Dense(1, activation='sigmoid')
])

# Compilar el modelo
model.compile(loss='binary_crossentropy', optimizer='adam',
metrics=['accuracy'])
```

4. **Entrenar el modelo**

Código Python:

```python
model.fit(X_train, y_train, epochs=3, batch_size=64)
```

5. **Evaluar el modelo**

Código Python:

```python
score, acc = model.evaluate(X_test, y_test, batch_size=64)
print(f'Precisión en el conjunto de prueba: {acc}')
```

Este modelo utiliza **LSTM** para aprender patrones en las secuencias de texto y clasificarlas como positivas o negativas.

Visión por Computadora

La **Visión por Computadora** es un campo de la inteligencia artificial que permite a las máquinas interpretar y comprender el contenido de las imágenes y videos. Esta tecnología tiene aplicaciones en una variedad de industrias, desde la **medicina** hasta los **vehículos autónomos**.

Tareas comunes de visión por computadora:

- **Clasificación de imágenes**: Asignar una etiqueta a una imagen (por ejemplo, "perro" o "gato").
- **Detección de objetos**: Identificar y localizar objetos dentro de una imagen.

- **Segmentación semántica**: Clasificar cada píxel de una imagen en categorías (por ejemplo, cielo, carretera, peatones).

Las **Redes Neuronales Convolucionales** (CNN) son la arquitectura más utilizada para tareas de visión por computadora debido a su capacidad para detectar patrones espaciales en imágenes.

Conclusión

En este capítulo, hemos explorado los conceptos fundamentales de **Procesamiento de Lenguaje Natural (NLP)**, incluidas las técnicas de **tokenización**, **lematización** y los **modelos de lenguaje** más avanzados, como **n-gramas**, **LSTM** y **transformers**. Además, hemos implementado un proyecto práctico de **análisis de sentimientos** con Python. Finalmente, hemos introducido brevemente el campo de la **Visión por Computadora**, que permite a las máquinas interpretar y entender imágenes. Estos son solo algunos de los muchos avances que el aprendizaje automático ha permitido en el mundo de la inteligencia artificial.

Capítulo 9: Fundamentos de la Visión por Computadora

La **Visión por Computadora** es una rama de la inteligencia artificial que permite a las máquinas interpretar y comprender el contenido visual de imágenes o videos, de forma similar a cómo lo hace el ojo humano. Este campo tiene aplicaciones en diversas industrias, desde la **seguridad** hasta la **medicina**. En este capítulo, exploraremos los fundamentos de la visión por computadora, algunas bibliotecas populares para trabajar con imágenes y cómo implementar modelos básicos en Python.

Fundamentos de la Visión por Computadora

La **Visión por Computadora** se basa en el procesamiento digital de imágenes para detectar, analizar y comprender información visual. Utiliza diversas técnicas matemáticas y algoritmos para transformar datos visuales en información útil que las máquinas puedan entender y procesar.

Tareas comunes en visión por computadora:

- **Clasificación de imágenes**: Asignar una etiqueta o categoría a una imagen (por ejemplo, "perro" o "gato").
- **Detección de objetos**: Localizar y clasificar objetos dentro de una imagen.
- **Segmentación**: Dividir una imagen en diferentes partes o regiones basadas en características visuales.
- **Reconocimiento facial**: Identificar o verificar personas en imágenes.

Bibliotecas Populares: OpenCV, PIL

Existen varias bibliotecas que facilitan el trabajo con imágenes y visión por computadora en Python. Las más populares son **OpenCV** y **PIL** (Python Imaging Library).

OpenCV (Open Source Computer Vision Library)

OpenCV es una biblioteca de código abierto que proporciona herramientas para la manipulación de imágenes y la creación de aplicaciones de visión por computadora. Es ampliamente utilizada para tareas como la detección de objetos, el procesamiento de imágenes y la creación de sistemas de visión en tiempo real.

Instalación:

Código Terminal:

```
pip install opencv-python
```

Ejemplo básico (Cargar y mostrar una imagen):

Código Python:

```python
import cv2

# Cargar imagen
image = cv2.imread('imagen.jpg')

# Mostrar la imagen
cv2.imshow('Imagen', image)
cv2.waitKey(0)
cv2.destroyAllWindows()
```

PIL (Python Imaging Library)

PIL, ahora conocida como **Pillow**, es una biblioteca de Python que permite abrir, modificar y guardar imágenes en varios formatos. Es útil para tareas básicas como redimensionar imágenes, aplicar filtros y convertir formatos.

Instalación:

Código Terminal:

```
pip install pillow
```

Ejemplo básico (Cargar y mostrar una imagen):

Código Python:

```python
from PIL import Image

# Cargar imagen
image = Image.open('imagen.jpg')

# Mostrar imagen
image.show()
```

Implementación de Modelos de Visión por Computadora

En visión por computadora, los modelos de aprendizaje automático, como las **Redes Neuronales Convolucionales (CNN)**, se utilizan para tareas más complejas. Estas redes son especialmente poderosas para reconocer patrones y características dentro de las imágenes.

Uso de Redes Neuronales Convolucionales (CNN)

Las **CNN** son redes diseñadas para reconocer patrones visuales mediante capas convolucionales. Cada capa procesa diferentes características de una imagen, como bordes, colores y texturas, y las combina para comprender patrones más complejos.

Proyecto práctico: Reconocimiento de Objetos

En este proyecto práctico, implementaremos un modelo básico para **reconocer objetos** en imágenes utilizando una red neuronal convolucional.

Pasos:

Instalar las bibliotecas necesarias:

1. **Importar las bibliotecas**

Código Terminal:

```
pip install tensorflow keras
```

2. **Importar las bibliotecas:**

Código Python:

```python
import tensorflow as tf
from tensorflow.keras.datasets import cifar10
from tensorflow.keras.models import Sequential
from tensorflow.keras.layers import Conv2D, MaxPooling2D, Flatten, Dense
```

3. **Cargar y preprocesar los datos**:

Código Python:

```
(X_train, y_train), (X_test, y_test) = cifar10.load_data()

# Normalizar las imágenes
X_train, X_test = X_train / 255.0, X_test / 255.0
```

4. **Construir el modelo CNN**:

Código Python:

```
model = Sequential([
    Conv2D(32, (3, 3), activation='relu', input_shape=(32, 32, 3)),
    MaxPooling2D((2, 2)),
    Conv2D(64, (3, 3), activation='relu'),
    MaxPooling2D((2, 2)),
    Flatten(),
    Dense(64, activation='relu'),
    Dense(10, activation='softmax')
])

model.compile(optimizer='adam', loss='sparse_categorical_crossentropy',
metrics=['accuracy'])
```

5. **Entrenar el modelo**:

Código Python:

```
model.fit(X_train, y_train, epochs=10)
```

6. **Evaluar el modelo**:

Código Python:

```
test_loss, test_acc = model.evaluate(X_test, y_test, verbose=2)
print(f"Precisión en el conjunto de prueba: {test_acc}")
```

Este modelo CNN básico se entrena con el conjunto de datos **CIFAR-10**, que contiene 60,000 imágenes de 10 clases diferentes.

Capítulo 10: IA en el Mundo Real

La inteligencia artificial está transformando múltiples sectores, desde la salud hasta la finanza, y continúa ampliando sus horizontes. En este capítulo, exploramos algunos de los casos de uso más relevantes de la IA en diversas industrias, además de los desafíos éticos que enfrenta esta tecnología y las perspectivas futuras.

Casos de Uso de IA en Diversas Industrias

La inteligencia artificial está revolucionando numerosas industrias al automatizar tareas complejas, mejorar la eficiencia operativa y generar nuevas oportunidades para el negocio. A continuación, exploramos algunos de los casos de uso más destacados de la IA en sectores clave.

1. Salud

La inteligencia artificial está teniendo un impacto transformador en el sector de la salud, mejorando tanto la precisión del diagnóstico como el acceso a tratamientos más personalizados. Los avances en visión por computadora, procesamiento de lenguaje natural (NLP) y aprendizaje automático están permitiendo nuevas formas de tratar enfermedades y mejorar la calidad de vida de los pacientes.

Diagnóstico Médico

Los modelos de visión por computadora están permitiendo la detección temprana de enfermedades mediante el análisis de imágenes médicas, como radiografías, tomografías computarizadas y resonancias magnéticas. Por ejemplo, los algoritmos de IA pueden identificar patrones que los radiólogos pueden pasar por alto, como tumores en imágenes de cáncer de mama o signos tempranos de enfermedades cardiovasculares en estudios de imágenes cardíacas.

Un ejemplo famoso de esto es el uso de IA en la detección de cáncer. En 2020, un estudio demostró que una red neuronal entrenada con imágenes de mamografías podía detectar el cáncer de mama con mayor precisión que los radiólogos. De manera similar, la IA está siendo utilizada para analizar imágenes dermatológicas, detectando de forma más precisa y rápida signos de cáncer de piel.

Tratamiento Personalizado

Los sistemas de IA también están desempeñando un papel crucial en la creación de tratamientos personalizados para los pacientes. A través del análisis de grandes volúmenes de datos de salud, como los historiales médicos y los resultados de pruebas genéticas, los algoritmos pueden ayudar a los médicos a seleccionar el tratamiento más adecuado para cada paciente, basado en sus características individuales. Por ejemplo, la IA se utiliza para diseñar terapias personalizadas en oncología, que ajustan las dosis de medicamentos en función de las características genéticas de los tumores de cada paciente.

Predicción de Enfermedades

La IA se está utilizando para predecir el riesgo de enfermedades crónicas y agudas. Utilizando datos como el historial médico, hábitos de vida, genética y otros factores, los sistemas de IA pueden prever enfermedades como la diabetes, enfermedades cardíacas e incluso accidentes cerebrovasculares. Esta capacidad de predicción temprana permite a los médicos intervenir antes de que los problemas de salud se conviertan en amenazas graves, mejorando la calidad de vida y reduciendo los costos de atención.

2. Automotriz

El sector automotriz está experimentando una de las transformaciones más fascinantes gracias a la inteligencia artificial, en especial en áreas como la conducción autónoma y la optimización de la fabricación de vehículos.

Conducción Autónoma

La conducción autónoma es uno de los avances más notables impulsados por la IA en la industria automotriz. Los vehículos autónomos utilizan una combinación de sensores, cámaras, radar y LiDAR (detección y rango de luz) junto con modelos de aprendizaje profundo para interpretar su entorno y tomar decisiones en tiempo real.

Los vehículos autónomos procesan imágenes y datos en tiempo real para reconocer objetos, como otros vehículos, peatones y señales de tráfico, y para prever obstáculos como baches o condiciones meteorológicas adversas. Los algoritmos de IA, como las redes neuronales convolucionales (CNN), son fundamentales para permitir que los autos autónomos identifiquen y comprendan estos objetos con precisión.

Mejoras en la Seguridad y Eficiencia

Los vehículos autónomos no sólo están cambiando la forma en que nos movemos, sino que también están mejorando la seguridad vial. Los sistemas de IA en estos vehículos pueden reaccionar más rápido que los conductores humanos ante situaciones de emergencia, como frenar de manera inmediata al detectar un obstáculo inesperado. Además, la IA está optimizando el uso de energía en los vehículos mediante sistemas de conducción más eficientes, lo que contribuye a reducir el impacto ambiental y a mejorar la eficiencia del combustible.

3. Finanzas

La industria financiera está adoptando la inteligencia artificial para mejorar la toma de decisiones, gestionar riesgos y proporcionar experiencias personalizadas a los clientes.

Predicción de Mercado

Los modelos de IA están siendo utilizados para analizar grandes volúmenes de datos en tiempo real y prever las fluctuaciones del mercado. Utilizando técnicas de aprendizaje supervisado y aprendizaje profundo, los algoritmos pueden predecir los movimientos del mercado de valores y otras inversiones, basándose en patrones históricos de precios y eventos económicos. Los algoritmos pueden procesar datos de una variedad de fuentes, como informes financieros, noticias y redes sociales, para realizar predicciones más precisas.

Detección de Fraudes

Los sistemas de IA se están utilizando ampliamente para detectar fraudes en transacciones financieras. Los algoritmos de aprendizaje automático pueden analizar millones de transacciones en tiempo real para identificar patrones de comportamiento sospechosos que podrían indicar actividades fraudulentas. Por ejemplo, si un cliente realiza un pago desde una ubicación inusual o una cantidad considerablemente mayor a la normal, el sistema de IA puede generar alertas automáticas para que los equipos de seguridad actúen rápidamente.

Gestión de Riesgos

La IA también está mejorando la gestión de riesgos en instituciones financieras. Utilizando algoritmos de machine learning, las entidades financieras pueden evaluar el riesgo asociado a las inversiones, identificar posibles impagos de créditos o incluso predecir quiebras. Además, la IA se utiliza para optimizar portafolios de inversión mediante la creación de modelos que maximicen los rendimientos ajustados al riesgo.

---

4. Entretenimiento

La inteligencia artificial ha transformado la industria del entretenimiento, con aplicaciones que van desde las recomendaciones personalizadas hasta la creación de contenido. Plataformas como Netflix y Spotify han adoptado IA para mejorar la experiencia del usuario y aumentar el tiempo que los usuarios pasan en sus plataformas.

Recomendaciones Personalizadas

Uno de los casos de uso más comunes de la IA en el entretenimiento es el sistema de recomendación. Servicios como Netflix, Amazon Prime Video y Spotify utilizan IA para sugerir contenido basado en los hábitos de consumo del usuario, como lo que han visto o escuchado anteriormente. Utilizando algoritmos de filtrado colaborativo y redes neuronales, estos sistemas aprenden sobre los gustos y preferencias de cada usuario y mejoran con el tiempo.

Creación de Contenido

La IA también está siendo utilizada para la creación de contenido. En la música, por ejemplo, las redes neuronales pueden generar melodías y canciones basadas en estilos específicos, como hip hop o música clásica. En la industria del cine, la IA está ayudando a crear efectos visuales más realistas y a generar guiones, diálogos y tramas de manera automatizada. Algunos sistemas de IA también se utilizan para crear avatares virtuales o personajes animados, que pueden interactuar con los usuarios de manera más realista en videojuegos y películas.

Optimización de la Publicidad

La inteligencia artificial también juega un papel importante en la publicidad dentro de las plataformas de streaming. Los algoritmos de IA analizan el comportamiento de los usuarios para mostrarles anuncios más relevantes, aumentando la efectividad de las campañas publicitarias. Además, los sistemas de IA optimizan los tiempos y la colocación de anuncios para maximizar los ingresos, todo esto mientras se mantiene la experiencia del usuario lo más fluida posible.

La inteligencia artificial está teniendo un impacto profundo en las diversas industrias, facilitando tareas complejas, mejorando la eficiencia y abriendo nuevas posibilidades. A medida que la tecnología avanza, se espera que la IA continúe transformando estos sectores y creando nuevas oportunidades para el negocio y la sociedad.

Desafíos Éticos de la IA

A pesar de los avances de la IA, existen importantes desafíos éticos que deben ser abordados:

- **Privacidad**: Los modelos de IA requieren grandes volúmenes de datos, y la recolección de estos puede generar preocupaciones sobre la privacidad de los usuarios.
- **Discriminación**: Los modelos de IA pueden perpetuar sesgos si se entrenan con datos sesgados. Esto podría llevar a decisiones injustas en áreas como la contratación o la justicia penal.
- **Transparencia**: Algunos modelos, como las redes neuronales profundas, son muy complejos y difíciles de interpretar, lo que plantea interrogantes sobre su explicabilidad y responsabilidad.

El Futuro de la Inteligencia Artificial

El futuro de la IA promete avances aún más impresionantes. Se espera que la IA continúe transformando sectores clave como la salud, la educación, el transporte y el entretenimiento. Sin embargo, el desarrollo de IA también requerirá un enfoque responsable para garantizar que sus beneficios se distribuyan de manera justa y que sus riesgos se minimicen.

Avances esperados:

- **IA general**: Se espera que los sistemas de IA se vuelvan cada vez más inteligentes y capaces de realizar tareas complejas en diversos dominios sin intervención humana.
- **IA explicable**: Habrá esfuerzos para hacer que los modelos de IA sean más transparentes y fáciles de interpretar.
- **IA ética**: La creación de marcos éticos para el desarrollo y uso de la IA será crucial para garantizar su impacto positivo.

Conclusiones

En este capítulo, hemos explorado los casos de uso más relevantes de la IA en diversas industrias, desde la salud hasta la automotriz. También hemos discutido los desafíos éticos que plantea la IA y las perspectivas de su futuro desarrollo. La inteligencia artificial sigue evolucionando y tiene el potencial de cambiar radicalmente la forma en que vivimos y trabajamos, pero su implementación debe manejarse con responsabilidad y precaución para maximizar sus beneficios y minimizar sus riesgos.

Capítulo 11: Recapitulación de los Conceptos Clave

La inteligencia artificial (IA) es una disciplina fascinante y en constante evolución. En este capítulo, haremos un repaso de los conceptos más importantes que hemos explorado a lo largo del libro, proporcionando un resumen que le ayudará a consolidar lo aprendido y a orientar su camino hacia el siguiente paso en su formación.

Conceptos Clave:

1. **Inteligencia Artificial (IA):**
   La capacidad de las máquinas para realizar tareas que normalmente requieren de inteligencia humana, como la toma de decisiones, el aprendizaje y la resolución de problemas.
2. **Aprendizaje Automático (Machine Learning):**
   Un subcampo de la IA que permite a las máquinas aprender de los datos sin necesidad de ser programadas explícitamente.
3. **Aprendizaje Profundo (Deep Learning):**
   Un enfoque dentro del aprendizaje automático que utiliza redes neuronales profundas para aprender patrones complejos a partir de grandes volúmenes de datos.
4. **Redes Neuronales Artificiales (ANN):**
   Modelos inspirados en la estructura del cerebro humano, fundamentales para muchos avances en IA.
5. **Procesamiento de Lenguaje Natural (NLP):**
   Un área de la IA dedicada a la interacción entre las máquinas y el lenguaje humano, permitiendo a las computadoras entender, interpretar y generar lenguaje natural.
6. **Visión por Computadora:**
   Un campo que permite a las máquinas interpretar y comprender el mundo visual, procesando imágenes y videos.
7. **Algoritmos y Modelos:**
   Las herramientas matemáticas y estadísticas utilizadas para entrenar modelos de IA y permitir que las máquinas aprendan de los datos.

Recomendaciones para Continuar Aprendiendo

Si bien este libro proporciona una base sólida en IA, el aprendizaje de esta disciplina es un proceso continuo. A continuación, se ofrecen algunas sugerencias para seguir avanzando en su formación:

1. **Practique regularmente:**
   La mejor forma de aprender IA es aplicando los conceptos a proyectos reales. Desarrollar aplicaciones como sistemas de recomendación, análisis de sentimientos o reconocimiento de imágenes le permitirá ganar experiencia práctica.
2. **Cursos avanzados:**
   Explore cursos de plataformas como Coursera, edX y Udacity que ofrezcan

formaciones más especializadas en áreas como redes neuronales profundas, visión por computadora y procesamiento de lenguaje natural.

3. **Participación en competiciones:**
   Plataformas como Kaggle permiten participar en competiciones de IA, lo que le dará la oportunidad de poner a prueba sus habilidades, aprender de otros expertos y mejorar su comprensión.

4. **Unirse a la comunidad:**
   Involúcrese en comunidades en línea como Stack Overflow, Reddit o GitHub. Interactuar con otros en foros y grupos de discusión es una excelente forma de aprender y resolver dudas.

Recursos Adicionales

Aquí le dejamos algunos recursos clave para continuar su formación en IA:

1. **Libros recomendados:**
   - *Deep Learning* de Ian Goodfellow.
   - *Hands-On Machine Learning with Scikit-Learn, Keras, and TensorFlow* de Aurélien Géron.

2. **Plataformas de aprendizaje:**
   - Coursera: Cursos como *Machine Learning* de Andrew Ng.
   - edX: Cursos ofrecidos por universidades como MIT y Harvard sobre IA y ciencia de datos.

3. **Herramientas y bibliotecas:**
   - **TensorFlow, PyTorch, Scikit-learn**: Bibliotecas esenciales para desarrollar modelos de IA.
   - **Jupyter Notebooks**: Entorno interactivo que facilita el trabajo con Python.

Apéndices

Los apéndices de este libro contienen los siguientes elementos adicionales:

- **A1.** Códigos y ejemplos de los ejercicios prácticos presentados en los capítulos.
- **A2.** Guía para la instalación de herramientas y entornos de desarrollo.
- **A3.** Listado de los ejercicios resueltos con explicación detallada.

Capítulo 12: Respuesta a ejercicios Prácticos

Respuestas a los Ejercicios Prácticos

Al final de cada capítulo, se presentaron ejercicios prácticos para afianzar lo aprendido. A continuación, mostramos las respuestas a algunos de los ejercicios:

Ejercicio 1: Implementar un modelo de regresión lineal simple.

Código Python:

```python
from sklearn.linear_model import LinearRegression
import numpy as np

# Datos de ejemplo
X = np.array([[1], [2], [3], [4], [5]])
y = np.array([1, 2, 3, 4, 5])

# Crear el modelo
model = LinearRegression()

# Ajustar el modelo
model.fit(X, y)

# Predicciones
predictions = model.predict(X)
print(predictions)
```

Bibliografía Recomendada

Para continuar profundizando en el mundo de la inteligencia artificial, se recomienda explorar los siguientes recursos:

- ❖ **Libros:**
    - ➤ *Python Machine Learning* de Sebastian Raschka.
    - ➤ *Pattern Recognition and Machine Learning* de Christopher Bishop.
- ❖ **Artículos Académicos:**
    - ➤ Revistas especializadas y conferencias de IEEE sobre IA y aprendizaje automático.
- ❖ **Cursos en Línea:**
    - ➤ *Deep Learning Specialization* de Andrew Ng en Coursera.
    - ➤ *Introduction to Artificial Intelligence* en edX (MIT).

Capítulo 13: Ejemplos Prácticos de IA en Python

En este capítulo, exploramos diez ejemplos prácticos de código en Python que demuestran el uso de inteligencia artificial en diferentes áreas. Estos ejemplos abarcan desde modelos simples de machine learning hasta aplicaciones más avanzadas en visión por computadora y procesamiento de lenguaje natural.

Ejemplo 1: Predicción de Precios con Regresión Lineal (Scikit-Learn)

Código Python:

```python
import numpy as np
import matplotlib.pyplot as plt
from sklearn.linear_model import LinearRegression

# Datos de ejemplo
X = np.array([[1], [2], [3], [4], [5]])
y = np.array([100, 200, 300, 400, 500])

# Creación del modelo
modelo = LinearRegression()
modelo.fit(X, y)

# Predicción
prediccion = modelo.predict([[6]])
print(f"Predicción para X=6: {prediccion[0]}")

# Visualización
plt.scatter(X, y, color="blue")
plt.plot(X, modelo.predict(X), color="red")
plt.xlabel("X")
plt.ylabel("Precio")
plt.show()
```

Ejemplo 2: Clasificación de Texto con NLP y Scikit-Learn

Código Python:

```python
from sklearn.feature_extraction.text import CountVectorizer
from sklearn.naive_bayes import MultinomialNB

# Datos de entrenamiento
textos = ["El clima es soleado", "Está lloviendo", "Hace frío", "Hace calor"]
etiquetas = ["soleado", "lluvia", "frío", "calor"]

vectorizador = CountVectorizer()
X = vectorizador.fit_transform(textos)

# Modelo de clasificación
modelo = MultinomialNB()
modelo.fit(X, etiquetas)

# Predicción
nuevo_texto = ["Hoy hace mucho calor"]
X_nuevo = vectorizador.transform(nuevo_texto)
prediccion = modelo.predict(X_nuevo)
print(f"Predicción: {prediccion[0]}")
```

Ejemplo 3: Detección de Rostros con OpenCV

Código Python:

```python
import cv2

# Cargar el modelo preentrenado
face_cascade = cv2.CascadeClassifier(cv2.data.haarcascades +
'haarcascade_frontalface_default.xml')

# Cargar imagen
imagen = cv2.imread("rostro.jpg")
grayscale = cv2.cvtColor(imagen, cv2.COLOR_BGR2GRAY)

# Detectar rostros
rostros = face_cascade.detectMultiScale(grayscale, scaleFactor=1.1,
minNeighbors=5)
```

```
print(respuesta["choices"][0]["message"]["content"])
```

Ejemplo 6: Clasificación de Imágenes con TensorFlow

Código Python:

```python
import tensorflow as tf
from tensorflow import keras

# Cargar un modelo preentrenado
modelo = keras.applications.MobileNetV2(weights="imagenet")

# Cargar y procesar imagen
imagen = keras.preprocessing.image.load_img("imagen.jpg", target_size=(224,
224))
imagen_array = keras.preprocessing.image.img_to_array(imagen)
imagen_array = imagen_array.reshape((1, 224, 224, 3))
imagen_array =
keras.applications.mobilenet_v2.preprocess_input(imagen_array)

# Predicción
predicciones = modelo.predict(imagen_array)
etiquetas =
keras.applications.mobilenet_v2.decode_predictions(predicciones)
print(etiquetas[0])
```

Ejemplo 7: Análisis de Sentimientos con VADER

Código Python:

```python
from nltk.sentiment import SentimentIntensityAnalyzer

analyzer = SentimentIntensityAnalyzer()
texto = "Me encanta este producto, es increíble."

# Análisis de sentimiento
puntuacion = analyzer.polarity_scores(texto)
print(f"Sentimiento: {puntuacion}")
```

```
print(respuesta["choices"][0]["message"]["content"])
```

Ejemplo 6: Clasificación de Imágenes con TensorFlow

Código Python:

```python
import tensorflow as tf
from tensorflow import keras

# Cargar un modelo preentrenado
modelo = keras.applications.MobileNetV2(weights="imagenet")

# Cargar y procesar imagen
imagen = keras.preprocessing.image.load_img("imagen.jpg", target_size=(224,
224))
imagen_array = keras.preprocessing.image.img_to_array(imagen)
imagen_array = imagen_array.reshape((1, 224, 224, 3))
imagen_array =
keras.applications.mobilenet_v2.preprocess_input(imagen_array)

# Predicción
predicciones = modelo.predict(imagen_array)
etiquetas =
keras.applications.mobilenet_v2.decode_predictions(predicciones)
print(etiquetas[0])
```

Ejemplo 7: Análisis de Sentimientos con VADER

Código Python:

```python
from nltk.sentiment import SentimentIntensityAnalyzer

analyzer = SentimentIntensityAnalyzer()
texto = "Me encanta este producto, es increíble."

# Análisis de sentimiento
puntuacion = analyzer.polarity_scores(texto)
print(f"Sentimiento: {puntuacion}")
```

Ejemplo 8: Reconocimiento de Dígitos con MNIST

Código Python:

```python
from tensorflow import keras
import matplotlib.pyplot as plt

# Cargar datos MNIST
(x_train, y_train), (x_test, y_test) = keras.datasets.mnist.load_data()

# Visualizar una imagen
plt.imshow(x_train[0], cmap="gray")
plt.show()
```

Ejemplo 9: Generación de Música con IA (Magenta)

Código Python:

```python
import magenta.music as mm
from magenta.music import midi_io

# Cargar archivo MIDI
midi_data = midi_io.midi_file_to_note_sequence("melodia.mid")

# Mostrar notas
for nota in midi_data.notes[:10]:
    print(f"Nota: {nota.pitch}, Inicio: {nota.start_time}, Fin:
{nota.end_time}")
```

Ejemplo 10: Detección de Objetos con YOLO y OpenCV

Código Python:

```python
import cv2

# Cargar modelo YOLO
net = cv2.dnn.readNet("yolov3.weights", "yolov3.cfg")
layer_names = net.getLayerNames()
output_layers = [layer_names[i[0] - 1] for i in
net.getUnconnectedOutLayers()]
```

```
# Cargar imagen
imagen = cv2.imread("imagen.jpg")
altura, ancho = imagen.shape[:2]
blob = cv2.dnn.blobFromImage(imagen, 0.00392, (416, 416), swapRB=True,
crop=False)
net.setInput(blob)

# Predicciones
detecciones = net.forward(output_layers)
for deteccion in detecciones:
    for objeto in deteccion:
        puntajes = objeto[5:]
        clase_id = puntajes.argmax()
        confianza = puntajes[clase_id]
        if confianza > 0.5:
            print(f"Objeto detectado con {confianza*100:.2f}% de certeza.")
```

Este capítulo proporciona una base práctica para trabajar con IA en Python. Cada ejemplo cubre un aspecto clave de la inteligencia artificial y puede servir como punto de partida para proyectos más avanzados.

Capítulo 14: Ejemplos Prácticos Avanzados de IA en Python

En este capítulo, exploramos cinco ejemplos avanzados de IA en Python que incluyen aprendizaje profundo, visión por computadora, procesamiento de lenguaje natural y generación de contenido con IA.

Ejemplo 1: Generación de Imágenes con Stable Diffusion (Hugging Face)

Código Python:

```python
from diffusers import StableDiffusionPipeline

import torch

# Cargar el modelo preentrenado desde Hugging Face

modelo = StableDiffusionPipeline.from_pretrained("CompVis/stable-diffusion-v1-4")

modelo.to("cuda" if torch.cuda.is_available() else "cpu")


# Generar una imagen a partir de texto

prompt = "Un castillo medieval en la cima de una montaña al atardecer"

imagen = modelo(prompt).images[0]


# Guardar y mostrar la imagen

imagen.save("imagen_generada.png")

imagen.show()
```

Este código usa **Stable Diffusion**, un modelo de IA generativa para crear imágenes a partir de texto.

Ejemplo 2: Creación de un Modelo de Chatbot con Transformers (OpenAI GPT-3.5 Turbo)

Código Python:

```python
import openai

openai.api_key = "TU_CLAVE_API"

def chatbot(mensaje):

    respuesta = openai.ChatCompletion.create(

        model="gpt-3.5-turbo",

        messages=[{"role": "system", "content": "Eres un asistente útil."},

                   {"role": "user", "content": mensaje}]

    )

    return respuesta["choices"][0]["message"]["content"]


# Uso del chatbot

pregunta = "¿Cuál es el futuro de la inteligencia artificial?"

respuesta = chatbot(pregunta)

print(f"Chatbot: {respuesta}")
```

Este código permite interactuar con **GPT-3.5 Turbo** para obtener respuestas inteligentes a preguntas del usuario.

Ejemplo 3: Detección de Objetos en Tiempo Real con YOLO y OpenCV

Código Python:

```python
import cv2

import numpy as np


# Cargar el modelo YOLO preentrenado

net = cv2.dnn.readNet("yolov3.weights", "yolov3.cfg")

clases = open("coco.names").read().strip().split("\n")


# Capturar video en tiempo real

cap = cv2.VideoCapture(0)

while True:

    _, frame = cap.read()

    alto, ancho = frame.shape[:2]


    # Procesar la imagen con YOLO

    blob = cv2.dnn.blobFromImage(frame, 0.00392, (416, 416), swapRB=True,
crop=False)

    net.setInput(blob)


    capas = net.getUnconnectedOutLayersNames()

    detecciones = net.forward(capas)


    for salida in detecciones:
```

```python
    for objeto in salida:

        puntajes = objeto[5:]

        clase_id = np.argmax(puntajes)

        confianza = puntajes[clase_id]


        if confianza > 0.5:

            print(f"Detectado: {clases[clase_id]} con
{confianza*100:.2f}% de confianza")


    cv2.imshow("Detección de Objetos", frame)

    if cv2.waitKey(1) == 27:  # Presionar ESC para salir

        break


cap.release()

cv2.destroyAllWindows()
```

Este código implementa **YOLO (You Only Look Once)** para detección de objetos en tiempo real usando una cámara web.

Ejemplo 4: Generación de Música con IA usando Magenta y TensorFlow

Código Python:

```python
import magenta.music as mm

from magenta.models.melody_rnn import melody_rnn_sequence_generator

from magenta.models.shared import sequence_generator_bundle
```

```python
import tensorflow.compat.v1 as tf


# Cargar modelo preentrenado de generación de música

bundle = sequence_generator_bundle.read_bundle_file("basic_rnn.mag")

generator_map = melody_rnn_sequence_generator.get_generator_map()

melody_rnn = generator_map["basic_rnn"](checkpoint=None, bundle=bundle)

melody_rnn.initialize()


# Crear una secuencia de notas

primeras_notas = mm.NoteSequence()

primeras_notas.notes.add(pitch=60, start_time=0.0, end_time=0.5,
velocity=80)

primeras_notas.notes.add(pitch=62, start_time=0.5, end_time=1.0,
velocity=80)

primeras_notas.total_time = 1.0


# Generar música a partir de la secuencia inicial

secuencia_generada = melody_rnn.generate(primeras_notas,
generator_options=None)


# Guardar la melodía generada como archivo MIDI

mm.midi_io.note_sequence_to_midi_file(secuencia_generada,
"melodia_generada.mid")

print("Archivo MIDI generado: melodia_generada.mid")
```

Este código genera música con el modelo **Magenta** de Google y la guarda en un archivo MIDI.

Ejemplo 5: Clasificación de Imágenes con Redes Neuronales Convolucionales (TensorFlow/Keras)

Código Python:

```python
import tensorflow as tf

from tensorflow import keras

import numpy as np


# Cargar el dataset MNIST (dígitos escritos a mano)

(x_train, y_train), (x_test, y_test) = keras.datasets.mnist.load_data()

x_train, x_test = x_train / 255.0, x_test / 255.0  # Normalización


# Definir una red neuronal convolucional (CNN)

modelo = keras.Sequential([

    keras.layers.Conv2D(32, (3,3), activation='relu',
input_shape=(28,28,1)),

    keras.layers.MaxPooling2D(2,2),

    keras.layers.Conv2D(64, (3,3), activation='relu'),

    keras.layers.MaxPooling2D(2,2),

    keras.layers.Flatten(),

    keras.layers.Dense(128, activation='relu'),

    keras.layers.Dense(10, activation='softmax')

])


# Compilar y entrenar el modelo

modelo.compile(optimizer='adam', loss='sparse_categorical_crossentropy',
metrics=['accuracy'])
```

```
modelo.fit(x_train.reshape(-1,28,28,1), y_train, epochs=5)


# Evaluar el modelo

test_loss, test_acc = modelo.evaluate(x_test.reshape(-1,28,28,1), y_test)

print(f"Precisión en el conjunto de prueba: {test_acc:.2f}")
```

Este código implementa una **red neuronal convolucional (CNN)** para reconocer dígitos escritos a mano con el dataset MNIST.

Conclusión

Este capítulo ha explorado ejemplos avanzados de IA en Python, abarcando modelos de visión por computadora, generación de imágenes y música, procesamiento de lenguaje natural y aprendizaje profundo. Estos ejemplos pueden servir como base para desarrollar proyectos más complejos con IA en el mundo real.

Epílogo

La Inteligencia Artificial ha dejado de ser un concepto futurista para convertirse en una realidad presente en nuestras vidas. A lo largo de este libro, hemos explorado sus fundamentos, desde los primeros pasos con Python hasta la implementación de modelos más avanzados en aprendizaje profundo, procesamiento de lenguaje natural y visión por computadora. También hemos abordado los desafíos éticos y el impacto que la IA tiene en nuestra sociedad.

Pero este viaje no termina aquí. La IA es un campo en constante evolución, con avances que desafían los límites de lo que creíamos posible. Lo que hoy es innovador, mañana será el estándar, y nuevas ideas y algoritmos seguirán transformando el mundo. Como entusiasta o profesional en este campo, tu mayor herramienta será la **curiosidad y el aprendizaje continuo**.

El siguiente paso es tuyo. Ya tienes las bases y el conocimiento necesario para experimentar, desarrollar y contribuir a esta revolución tecnológica. La IA no es solo para investigadores o grandes empresas; es un área accesible para cualquier persona con la pasión y la dedicación necesarias para aprender.

Si este libro ha logrado despertar tu interés y motivación por la Inteligencia Artificial, entonces ha cumplido su propósito. Ahora, te invito a seguir explorando, probando nuevos proyectos y compartiendo tus descubrimientos con el mundo.

¡El futuro de la IA está en tus manos!